ADVIS
SVR LE FAICT
DES DVELS.

A Messieurs des Estats.

A PARIS,

De l'Imprimerie de FRANÇOIS IVL-
LIOT, rue du Paon, au Soleil d'or:
tenant sa boutique au Palais, sur
le premier perron de la
grand' Salle.

M. DC. XV.

Auec Priuilege du Roy.

EXTRAICT
DES DIVERS

[illegible]

ADVIS

Sur le faict des Duels.

EN vn Estat bien poli-
cé les bons Conseils
ne doiuent estre re-
compensez, ny les mau-
uais punis : Pource
qu'ils auroient neces-
sairement à estre authorisez ou im-
prouuez par l'humeur presente, ou par
l'euenement, Iugés egalement subiets
au hazard. Les bons Aduis ne deuans
non plus estre retenus de crainte que
sollicitez d'esperance, mais la liberté
honneste en deuant estre en commun,
principalement en ce Royaume & en
ceste Nation loüee pour sa franchise &
pour son affection enuers son Prince:
où il a esté tousiours permis à chacun
de proposer ce qui luy a semblé expedient: Ce qui enhardira cestuy-cy, qui
n'a pour cause qu'vne affection sincere,
pour but qu'vne manifeste vtilité de

l'Estat, de sortir en public, puis qu'il est
sur vn mal public, asseuré sinon d'estre
loüé pour son vtilité, au moins d'estre
excusé pour sa bonne intention.

I l n'y a personne, ie m'asseure qui
ne deplore la miserable condition de la
Noblesse Françoise, qui void, mesme
malgré soy, les loix de sa profession di-
rectement opposées à celles du Chri-
stianisme, & qui ne se recognoist que
trop inuincible à tout le monde, si elle
n'estoit malheureusement vaincuë par
elle mesme, quand s'imaginant que le
poinct d'honneur consiste à ne sçauoir
mespriser vne chose ou parole de neãt,
& à mettre pour l'imprudéce d'autruy,
pour vn mot ou mal dict ou mal enten-
du, sa vie & son ame au hazard, comme
s'il n'y auoit plus d'ennemis de l'Estat
ou de la Foy, elle va forcenée contre
Dieu, contre le Roy, contre elle mesme, foulant aux pieds toute humanité,
toute raison, toute loy diuine & humai-
ne: & se souillant les mains dans son
propre sang, d'vne manie & d'vne rage
si constante & si vniuerselle ruiner &
abattre faute d'autres ennemis, ce nõ-

le pillier de la Frāce, voire de la Chre-
stienté. Il n'y a personne pourtant qui
iusques icy y ait ou trouué ou apporté
aucun secours suffisant, l'aspreté du
mal ayāt surmonté la force des remedes, & la maladie s'estant plustost ir-
ritee par la cure. Car apres defenses sur
defenses, Edicts sur Edicts, ce qui n'e-
stoit que meurtre auparauant, est deue-
nu de plus, desobeyssance au Prince,
ains reuolte & pure rebellion. En quoy
nonobstant, la Noblesse est-elle digne
de quelque louange meslee de compassion, d'aller tant estimant ceste vertu
qui l'a esleuee au dessus du commun,
qu'elle se iette à corps perdu partout
où elle en apperçoit quelque ombre, au
preiudice mesme du respect qu'elle
porte aux Ordonnances de celuy dont
elle soustient le Throsne, & aux despés
de sa vie, de ses biens, de sa conscience,
& de son vray honneur, qu'elle aban-
donne sans y penser, pour en suiure l'apparence, & le phantosme que quelque
meschant demon, ou vengeance diuine
luy met artificieusement deuant les
yeux, pour rauir à Dieu, non vne partie

de ses ames, & au Roy non quelques-
vnes de ses personnes, mais pour perdre le total entierement, si le Ciel ayant
compassion de nostre malheur, n'arre-
ste bien tost côme par miracle le cours
de ceste furie. Car ainsi qu'il n'est possible de s'arrester en vn precipice: qui
empesche à ceste heure que ceste gene-
reuse Noblesse, la terreur du Croissant,
l'asseurance des François, l'effroy des
Nations estranges, & qui n'a rien à redoubter que ses propres efforts, ne se
efface par ses propres mains en vn seul
iour? Nagueres c'estoient des duels &
des combats singuliers, à present ce
sont des combats en foule, des petites
batailles; & desormais si on n'y met la
main, qui empeschera que ce ne soient
des armees complettes & des batailles
rangees, que la faute d'amis ou de
moyens? puis quel'on en est desia venu
iusques là, qu'encores qu'il n'y ait que
les animaux timides qui s'accompa-
gnent, & qu'il y ait ou de la pusillanimi-
té de ne se fier pas assez sur soy de sa vie
& de son honneur, ou bien de la teme-
rité de s'en refier trop sur autruy, on ne

luſſe nonobſtãt par vne barbarie eſtran-
ge d'aller enueloppant en ſa peine des
perſonnes innocentes de ſa faute, &
rouſiours & plus volontiers ſes plus in-
times, qui ſouuent ſans haine, ſans cho-
lere ſans offenſe, ſans vindicte, tirez ſur
le pré par la tyrannie d'vne vaine ima-
gination d'honneur, vont mettre en
compromis leur propre ſalut, & enfer-
rer leur ame par le corps quelquefois
de leurs meilleurs amis.

LES Eſtats ſeuls, ſelon le iugement
du feu Roy de tres-glorieuſe memoire
HENRY LE GRAND, ſont les vrais
Medecins qui peuuent en guairiſſant
ceſte pernicieuſe maladie, obliger en
meſme temps la Religion, la France, &
ceſte valeureuſe Nobleſſe vaillante
contre ſoy meſme, & ſeule produicte en
exemple de cognoiſtre ſon mal, & de
n'en rechercher le remede. Car ſi ce
mal inueteré peut vne fois pour la punition de nos pechez ſurmonter l'effort
d'vne ſi celebre Compagnie, ſe rendant
victorieux de ſa ſuffiſance & de ſon au-
thorité il n'y faut iamais plus eſperer de
guairiſon, ains il prédra plus de force &

decredit dans les esprits, & ietter de
plus profondes racines qu'auparauant,
côme les grands paux qui s'affermissent
par l'esbranlement & par l'agitation.

Le Prince y a apporté d'vn costé la se-
uerité des peines, de l'autre l'esperance
de la permission des combats. Le Clergé y a adiousté & les censures pendant
la vie, & la priuation de sepulture apres
la mort. & neantmoins rien n'a peu encores toucher le mal iusqu'au vif, d'autant que si long temps que l'interest de
l'honneur sera attaché à ceste malheu-
reuse action, la Noblesse foulera tou-
jours aux pieds toutes considerations
des biens, de la vie, & de l'ame mesme,
tant elle se monstre considerante enuers l'opinion des hommes, & braue à
l'encontre de Dieu, les plus sages d'en-
tre elle se laissans plustost aller à l'ima-
gination d'autruy qu'à leur propre
science & raison, & faisans plus d'estat
de la creance & de l'estime de ceux
qu'ils n'estiment point, que de leur propre conscience & des reigles du vray
honneur. Ce que ie laisse à penser si on
doit plustost imputer à crainte qu'à
courage?

courage? De sorte que le dernier re-
tranchement de nostre esperance consiste, comme disoit le feu Roy, en vne
declaration publique de la Noblesse en
pleins Estats generaux, Que le vray
honneur ne gist pas tant à repousser
vne iniure, qu'à n'en faire à personne,
& à conseruer sa vie & son courage
deubs au Roy & à la Patrie, pour vne
bonne occasion, & pour vne iuste fin,
& non pas à en frustrer le public & le
Prince, pour vne chose legere, & parole ou mal proferee ou mal prise : ladite
declaration estant accõpagnee de bons
Reiglemens du Roy, tant pour chastier
de honte l'aggresseur, (ce à quoy on
doit sur tout auoir esgard) que pour
donner ordre qu'il y ait de l'honneur
à l'offensé de demander reparation du
tort pretendu luy estre faict: Messieurs
les Gouuerneurs des Prouinces, Messieurs les Mareschaux de France, & autres Officiers de la Couronne, les Lieu-
tenans de Roy, les Gouuerneurs des
places les plus proches en leur absence,
quelques vieux & sages Gentilshommes deleguez pour cest effect, deuans

recevoir les plaintes de l'offensé, auec
pouuoir & commission tres-particulie-
re d'estre fort rigoureux contre l'aggresseur. Car n'y ayant que deux causes
du Duel, le desir de vengeance, & l'opinion que l'honneur nous oblige à ti-
rer la raison d'vne offense, on satisfera à
ces deux desirs, & par la punition hon-
teuse de celuy qui aura offensé, & par la
demande de ceste reparation, par des
voyes honorables estans commandees
par le Prince, & telles recogneues par
la Noblesse assemblee en corps, qui seu-
le se peut guairir soy mesme, si vne fois
elle veut & ose, autant recognoistre sa
maladie en general, côme chacun d'en-
tre elle l'aduoue & en gemit en particulier. Protestant par ceste declaration
authentique qu'estant mieux informee
que par le passé, elle ne iuge plus que
l'honneur & le courage côsistent à mespriser les loix de son Prince, & les ordonnances de Dieu, & qu'elle ne recognoist plus d'honneur, ny à faire ny à
recevoir vn appel, qui l'appelle contre
Dieu, contre le Roy, contre les loix,
contre soy mesme, & pour passer des

peines presentes aux peines eternelles.
Supplians tres-humblement sa Majesté
de n'estre en quelque façon desormais
cruelle contre le corps dont elle est le
chef, par trop d'indulgence, la clemen-
ce deuenant cruauté quand par le par-
dõ d'vn seul on en rend plusieurs coulpables, & de ne departir iamais aucune
grace, soit en consideration des serui-
ces, du merite, de la maison, ou des
qualitez de personne, ou pour quelque
cause que ce soit: le reiglement ne tou-
chant aucun particulier, s'il ne touche
tous les particuliers, personne n'osant
auec honneur (secret de ceste affaire)
craindre ce qu'vn l'autre peut impuné-
ment mespriser, de peur que l'on n'estime que son obeyssance soit causée plustost par faute de courage que d'esperance de faueur & d'impunité. La con-
trainte en ce faict cessant d'estre con-
trainte, si elle n'est & inuiolable & vniuerselle. Promettant aussi ladite Noblesse de sa part, que si quelqu'vn d'en-
tre elle s'oublie tant que de contreue-
nir, & à ce qui aura esté resolu par elle
en corps, & à ce qui aura esté comman-

dé par sa Majesté, que personne ne fera demander ny ne demandera pour soy ny pour autruy aucune remission, mais qu'elle estime au contraire expedient & pour le public & pour elle mesme d'encourir les peines apposées à l'Edict qui sera faict par le Roy sur ce sujet.

Vne grande difficulté s'offre maintenant à en trouuer, & qui soient assez douces pour n'estre relaschées du Roy au téps où sommes, & assez seueres aussi pour n'estre point mesprisées de la Noblesse. Car iaçoit que l'on ait estimé que la violence des remedes ait deu surpasser celle du mal, il y a neantmoins & vn peu de rigueur, & beaucoup de dommage à diminuer le nombre de ces personnes si importantes à l'Estat, en perdant vne partie pour sauuer l'autre. La peine de mort outre cela ne se pouuant à present en façon quelconque & ne se deuant aussi par plusieurs raisons estendre pour tousiours à toute sorte de personnes, & en vn mal autant ou plus à pleindre qu'à chastier, vous nos efforts deuans plustost estre portez à chasser la maladie & espargner le malade. Celle

du banniſſement, outre ce qu'elle eſt
trop legere pour eſtre redoubtee d'vne
Nobleſſe deſia aſſez encline à voyager,
& qui aimeroit mieux viure dehors le
Royaume en ſortant auec ceſte imagi-
nation d'honneur, que d'y demeurer
auec vne opinion d'ignominie, puni-
roit trop rigoureuſement l'Eſtat de la
faute des particuliers, en peuplant les
pays eſtranges de ceſte inuincible Nobleſſe, & encore renduë ennemie par
ceſte ſeuerité. Quant à la confiſcation
des biens, ou amende pecuniaire, le Roy
ne voulant s'enrichir de la faute des
Gentilshommes, & y ayant trop de rigueur de punir les enfans pour le crime du pere, conſiderera encore s'il luy
plaiſt que l'vne de ces peines, la premiere ne regardant nullement les pauures,
& l'autre ne concernant les riches (vn
nouueau Nerabe ſe pouuant faire ſui-
ure auec le prix & le pardon de ſa faute)
elles ne touchent perſonne, nul ne ſe
pouuant croire forcé à la reformation
que meſme il deſire, ſi quelqu'vn s'en
peut exempter. De ſorte que de ces
trois peines l'vne eſtant trop rude pour

les particuliers, la seconde pour le public, & la troisiesme n'estant establie
pour aucun, puis qu'elle ne s'estend sur
tous: Quelques vns pourroient estre
d'aduis de la degradation de Noblesse,
à quoy ie ne trouue encore non plus
d'apparence; quoy que l'on puisse ce
semble alleguer l'exemple de Dieu, qui
nous a tous punis pour la rebellion de
nostre premier pere; & de Iosué qui
chastia la desobeyssance d'Achan par
commandement exprés de Dieu és enfans au berceau: Mais Dieu pouuoit
pour des raisons à nous incogneues, &
possible par celles mesme de sa miseri-
corde, faire mourir ces petits enfans
desia assez coulpables par le peché ori-
ginel, duquel la coulpe estant remise
par le remede de la Circoncision, il en
pouuoit retenir ceste peine pour satis-
faire à sa Iustice: & en Adam sa noblef-
se ayant commencé, si Dieu a retiré iu-
stement les belles qualitez dont il l'a-
uoit ennobli, nous ne nous pouuons
plaindre de n'auoir les aduantages que
nostre pere ne possedoit lors que nous
sommes issus de luy: N'estant de mes-

me de faire perdre à toute vne race sa
Noblesse pour le crime de celuy qui
n'en est pas la source, ains seulement ca-
nal pour la transmettre à ses descen-
dans, & qui l'a receuë de ses peres, qui
pour leur vertu & la grace du Roy, ont
empreint en toute leur extraction ceste
marque de Noblesse, que le temps ny
les hommes ne peuuent effacer; qui l'a
receuë, dis-ie, comme vn depost qu'il
doit rendre à ceux qui viennent apres
luy, que vous ne luy sçauriez arracher
sans violer toute Iustice & diuine & hu-
maine, & qu'en punissant en sa personne & les ayeuls qui ont bien seruy, & la
posterité qui en est innocente. Ioinct
qu'ainsi qu'il ne faut abattre, ains re-
dresser l'arbre; & que le Medecin ne
veut tuer, ains guairir le malade: aussi le
dessein & le desir du Roy est de corri-
ger, non de destruire la Noblesse: ceste
pretieuse & indelebile qualité n'estant
complice de la faute de celuy qu'elle
honore, & ne pouuât estre souillee non
plus que les rayons du Soleil par l'offense de la personne à trauers laquelle
elle passe pour aller aux autres qui en

seront vn iour plus dignes, comme l'on
void souuent renaistre aux arrierefils
la vertu & la gloire de leurs ancestres.
Icy donc ie coniure tous les beaux esprits, & ceux qui ont, non plus d'affection au public, mais plus de prudence
& de loisir pour y aduiser que moy, de
cercher ou excogiter quelque peine de
la nature de celles que i'ay proposees
au commencement, sensibles à la Noblesse, & faciles à la bonté du Roy:
Quant à moy ie suis d'aduis qu'elles ail-
lent toutes à la honté, puis que l'opinion d'honneur cause nostre mal, &
que les courages vrayement nobles les
redoutent plus qu'aucuns supplices,
pertes, ou tourmens : ainsi qu'en Perse
iadis aux enfans de leurs Princes les pu-
nitions d'ignominie faisoient plus d'effect en foüettant seulement leurs rob-
bes, qu'aux esclaues en les frappant à
bon escient: estant aussi raisonnable que
celuy qui defend son honneur par des
voyes illicites, ou qui attente iniuste-
ment à la reputation d'autruy, courre
quelque risque de la sienne, afin qu'il
apprenne à maintenir honorablement

la renommée, ou à n'entreprendre mes-
chamment sur celle d'autruy. Or ne se-
roit-ce pas vn grand creue-cœur à vn
Gentilhomme de quitter l'espee, marque de sa Noblesse, & de quelque au-
thorité concedee par le Prince? la puis-
sance du glaiue ne se communiquant
qu'aux Magistrats, soit qu'elle leur soit
ottroyee ou pour faire obeyr le Roy
dans son Royaume, ou pour maintenir
l'Estat côtre ses ennemis, la raison voulant bien puis qu'ils ont tourné ce priuilege & contre celuy qui le leur a don-
né, & contre le Royaume qu'ils doiuent proteger, qu'il leur soit osté le re-
ste de leur vie, ceste punition ne passant
la personne qui a delinqué, & neantmoins tres fascheuse à celuy qui se void
le demeurât de ses iours reduit au rang
du commun: Et si dauantage on le de-
claroit descheu de toutes ses charges
& offices, & incapable à l'aduenir d'e-
stre admis à aucune dignité ny dedans
ny dehors le Royaume: ainsi qu'on
doit traitter tous perturbateurs du re-
pos public, & infracteurs des Ordonnances diuines & humaines. Car i'esti-

me que ſi on eſt vne fois rigide d'vn
coſté à dénier toutes les preéminences
d'honneur, & de l'autre inexorable à
relaſcher les peines de honte, on vien-
dra plus aiſément au deſſus de ce mal:
auquel puis que le malin eſprit y a gliſ-
ſé l'apparence vaine de Gloire pour l'e-
ſtablir, nous y deuons par vn ſtratage-
me contraire conſtituer & appoſer de
la honte & de l'ignominie pour le de-
ſtruire. D'autre part on pourroit en
certains cas permettre le Duel, pour
obuier d'vn coſté aux aſſaſſinats, & de
l'autre rendre la plainte plus honora-
ble, comme vn acheminemét au cóm-
bat, ſi l'offenſe eſtoit iugee irreparable,
vn homme ne ſe pouuant battre qui
premierement ne ſe fuſt plaint: Car qui
s'aſſeureroit par autre voye de faire, au
preiudice des Ordonnances & au peril
des peines, venir ſa partie ſur le préz
Mais le Clergé ne le peut ny ne le doit
conſeiller, & noſtre conſcience ne le
permet: & d'ailleurs les trahiſons & aduantages ſeront empeſchez, quand le
deſir de vengeance ſera aſſouuy, & l'in-
tereſt d'honneur mis hors par la gran-

deur de la reparation, qui deura tous-
jours exceder celle de l'offense, si on
veut recercher le mal à son origine, &
l'arrester à sa source. Et qui lors ie vous
supplie cerchera autre moyen ou de se
vanger, ou de reparer l'attentat faict
à son honneur, quand il sera certain que
par l'establissement que i'ay cy dessus
proposé deuoir estre faict dedans les
prouinces, il sera & beaucoup mieux &
plus seurement vengé qu'il ne se sçau-
roit faire, & le tort faict à sa reputation
plus que reparé?

C'est à vous desormais, Noblesse
inuincible, que i'addresse mô discours,
moy qui ay l'honneur d'estre de vostre
corps, & qui comme les autres empor-
té par l'erreur commun, n'ay pas tous-
jours esté entierement exempt de la
faute que ie blasme en nostre profession, combien que ie ne fusse ny seul ny
le premier qui la detestast, ce que i'im-
pute plustost à foiblesse de courage
qu'à vraye generosité, d'estre ainsi timi-
de enuers l'opinion de ceux dont nous
ne l'auons pas bonne, & de redoubter
le blasme des mal conseillez en bien

faifant : Car outtre ce que la magnani-
mité confifte plus au mefpris qu'au ref-
fentiment de l'iniure, & que les fages
nous difent, & c'eft la verité, que nul ne
peut eftre offenfé que par foy mefme, y
auroit-il pas bien plus de valeur d'ofer
feruir d'exemple aux autres de s'affran-
chir de l'empire d'vne couftume fi fort
ennemie de la Religion & de l'Eftat?
Ceins-tu, ô Nobleffe courageufe à ta
ruine, ceins-tu donc cefte efpee que
tout le monde redoubte, pour faire
obeyr le Roy, ou bien pour enfraindre
la premiere fes Ordonnances les plus
fainctes? Que dira la France noftre me-
re, qui fe void ainfi mife en peril par
ceux de qui elle tient & attend fa plus
grande conferuation? Ne vous la re-
prefentez-vous pas criante à haute
voix: Eft ce pour cela donc que le Ge-
nie tutelaire de ceft Empire m'a con-
feruee iufques icy contre les eftrangers
pour perir fur la fin de mes iours mife-
rablement par les mains de mes propres enfans? Et ne fouhaiterois-ie pas
pluftoft d'eftre efteinte tout à faict &
effacee du nombre des grandes & heu-

reuses Regions de la terre, que de les voir ainsi rebelles à mõ Roy & au leur, & de receuoir dans mon propre sein ce sang illustre dont l'Idumee deuroit estre teinte? Tournez, tournez plustost, mes enfans les plus chers, contre les Infideles ceste generosité naturelle, & ces armes, l'effroy du monde: C'est sur ceux là, ô mes pauures enfans abusez, qu'il faut destourner la passion de vengeance qui vous domine, en vengeant l'honneur de la Croix, & le sang de vos ayeuls. C'est contre ceux-là qu'il faut acquerir le vray honneur, en reiettant l'illusion presente & la vaine apparence qui vous esblouyt: C'est là où croissent les palmes tousiours verdissantes, & qui orneront vostre chef victorieux en ce monde cy & en l'autre.

F I N.

Extraict du Priuilege du Roy.

PAR grace & priuilege du Roy il est permis à François Iulliot Imprimeur & Libraire en l'Vniuersité de Paris, d'imprimer ou faire imprimer, & mettre en vente vn Aduis sur le faict des Duels, à Messieurs des Estats. Auec defenses à tous Imprimeurs, Libraires, ou autres de quelque qualité ou condition qu'ils soient, d'imprimer ny faire imprimer ledit Aduis cy dessus, le vendre ny faire vendre, debiter ny distribuer, sans le consentement dudit Iulliot, pendant le temps de six ans: sur peine aux contreuenans de quatre cens liures d'amende, de confiscation des exemplaires, & de tous despens, dommages & interests: comme il est plus amplement contenu és lettres donnees à Paris le 7. iour de Ianuier 1615.

Par le Roy en son Conseil,

BRIGARD.